Préface

« Garde le mois du printemps » (Deutéronome 16,1)

Il n'est pas anodin de s'arrêter sur cette injonction biblique et de s'interroger sur son sens. Que veut dire « Garder le mois du printemps » ?
Les sages d'Israël expliquent qu'il s'agit de faire attention à ce que la fête de la Sortie d'Egypte puisse toujours être célébrée à cette époque de l'année. Par conséquent, le calendrier doit être établi en fonction de cette priorité. Pourquoi ? Peut-être pour nous rappeler que le monde est sujet à devenir meilleur et qu'il faut savoir garder ce message et le transmettre.
« La civilisation, n'est pas simplement une technique dédiée à la puissance de l'homme, c'est un certain art de maîtriser le temps, d'introduire le sacré dans nos travaux et dans nos jours » (Les bâtisseurs du temps, Abraham Heschel).
Les fêtes et les traditions sont toujours des moments importants dans la vie d'un homme et plus particulièrement chez les enfants. Elles tracent des repères qui permettront à tout un chacun d'échapper à l'habitude du temps et de ne jamais oublier la dimension sacrée de la vie. Le calendrier nous interpelle sur ce que l'on est et sur notre devenir.
La tradition juive, au-delà de sa dimension sacrée, possède à travers ses lois et coutumes une sagesse plusieurs fois millénaire et un vécu universel.
Transmettre ce patrimoine est un devoir, mais aussi une lourde responsabilité.
La demande pressante des écoles et des institutions de la communauté juive à ce sujet, a encouragé les Editions Lichma, à travailler sur l'édification d'un programme pour l'enseignement des fêtes juives. L'édition de plusieurs manuels scolaires couvrant l'ensemble du calendrier hébraïque devrait bientôt se réaliser. La Fondation de la Mémoire de la Shoah a jugé opportun et important d'aider à la réalisation de ce projet. Qu'elle en soit vivement remerciée, elle et tous ceux qui de près où de loin contribuent aux projets des Editions Lichma.

« Premières questions - premières réponses » est le premier ouvrage à paraître sur ce sujet. Il s'adresse à tous les enfants, mais aussi à tous les parents curieux des fêtes et traditions d'Israël. La méthode d'enseignement retenue est celle du questionnement. Ses illustrations, ses explications à la portée de tous, permettront un dialogue, qui nous l'espérons, viendra renforcer l'amour et l'estime que l'on peut porter au Judaïsme.

Je ne pourrais personnellement terminer cette préface sans rappeler la mémoire d'êtres chers, Mesdames Bella Brahmi, Djamila Messas, Marianne Picard , Rina Néher et Monsieur Sauveur Chouraqui.

Que se termine cette année et ses peines,
Que la nouvelle année commence avec ses bénédictions,

Eloul 5766,
Yossef Azoulay

Les mois de l'année - calendrier des fêtes

1

Nissan

15 – 22 Nissan
Pessa'h

En Israël, la fête de Pessa'h dure 7 jours. Le premier et le dernier jour sont des Yamim Tovim, des jours où l'on ne travaille pas.
Dans la diaspora, elle dure 9 jours. Les deux premiers et les deux derniers jours sont des Yamim Tovim.

27 Nissan
Yom Hashoah véHaguévoura

2

Iyar

5 Iyar
Yom Haatsmaout

14 Iyar
Pessa'h Chéni

18 Iyar
Lag Baomer

28 Iyar
Yom Yérouchalyim

3

Sivan

6-7 Sivan
Chavouot

En Israël la fête de Chavo dure 1 jour : un jour de Y Tov, un jour où l'on ne trava pas.
Dans la diaspora, on rajoute jour en plus, ces deux jours s des Yamim Tovim.

Période du Omer
16 Nissan → **5 Sivan**

4

Tamouz

Bein-Hamétsarim
3 semaines
17 Tamouz → **9 Av**
Taanit - jeûne **Taanit - jeûne**

5

Av

15 Av
Tou Béav

6

Eloul

Période des Séli'hotes
1 Eloul
↓
10 Tichri

Les mois de l'année - calendrier des fêtes

7

Tichri

2 Tichri
Roch
achana

Tichri
Tsom
uédalia

0 Tichri
Yom
kipourim

15 – 23
Tichri
Soukot

En Israël, la fête de Soukot dure 7 jours et se termine par un huitième jour que l'on appelle **Chémini 'Hag Atsérète**, c'est aussi le jour de **Sim'hat Torah**. Le premier et le dernier jour sont des Yamim Tovim, des jours où l'on ne travaille pas. Dans la diaspora, elle dure 9 jours. Les deux premiers et les deux derniers jours sont des Yamim Tovim. Le 8ème jour correspond à Chémini 'Hag Atsérète et le 9ème jour à **Sim'hat Torah**.

8

'Hechvan

9

Kislev

'Hanouka
25 Kislev
↓
2 Tévète

10

Tevète

'Hanouka
25 Kislev
↓
2 Tévète

10 Tévète
Taanit - jeûne

11

Chévate

15 Chevate
Tou Bichevate

12

Adar

13 Adar
Taanit Esther

14 Adar
Pourim

15 Adar
Chouchane Pourim

La journée et la semaine

La journée יוֹם

Les jours de la semaine d'après la Torah :

Dimanche
Yom E'had (Yom Richone)
Jour Un (Premier jour)

Lundi
Yom Chéni
Deuxième jour

Mardi
Yom Chélichi
Troisième jour

Qu'est-ce que « la journée » ?

Le jour et la nuit forment une journée.
D'après la Torah, la nuit apparaît avant le jour.
Dieu a appelé l'obscurité nuit et la lumière jour.
C'est pourquoi dans la tradition juive, le jour nouveau commence avec la nuit.
En hébreu, le jour se nomme Yom et la nuit Laïla.

Comment dit-on en hébreu Bonne nuit et Bonne journée ?

En hébreu, le mot Bon se dit Tov.
Pour souhaiter une bonne nuit, on dira Laïla Tov et Yom Tov pour une bonne journée.

Qu'est-ce que le « Chéma Israël » ?

D'après la Torah, au coucher et au lever, il est un devoir de prononcer le « Chéma Israël ». Par cette phrase, la tradition juive proclame sa foi en Dieu.
Le mot Chéma veut dire Ecouter.

La journée et la semaine

La semaine שָׁבוּעַ

Les jours de la semaine d'après la Torah :

Mercredi
Yom Révii
Quatrième jour

Jeudi
Yom 'Hamichi
Cinquième jour

Vendredi
Yom HaChichi
Le Sixième jour

Qu'est-ce que la semaine ?

Un ensemble de sept jours.
D'après la tradition juive, la semaine commence le dimanche et se termine par le samedi, jour du « Chabbat ».
En hébreu, semaine se dit Chavoua.
Pour souhaiter une bonne semaine, on dit : Chavoua Tov.

Samedi
Yom Hachévii - Chabbat
Le Septième jour -Chabbat

Comment se nomment les jours de la semaine dans la tradition juive ?

Les jours de la semaine sont appelés par un numéro correspondant aux jours de la création. Ainsi, le dimanche, c'est le premier jour, le vendredi, le sixième jour, en hébreu, Yom Hachichi, jour de la création de l'homme.

שַׁבָּת Chabbat et Yom Tov יוֹם טוֹב

Qu'est-ce que le « Chabbat » ? שַׁבָּת

D'après la Torah, Dieu a créé le monde en six jours et s'est arrêté de « travailler » le septième jour. C'est pourquoi d'après la tradition juive, on ne travaille pas en ce jour qui est appelé « Chabbat ».
Le mot « Chabbat » veut dire: « arrêt de Travail »

Qu'est-ce que le « Yom Tov » ou les « Yamim Tovim » ? יָמִים טוֹבִים

Des jours de fêtes. On ne doit pas travailler ces jours là. En hébreu, Yom Tov veut dire un jour de fête et Yamim Tovim, des jours de fêtes.

Qu'est-ce que la « Hadlakat Nerot » ? הַדְלָקַת נֵרוֹת

L'allumage des bougies.
Pour accueillir le Chabbat ou le Yom Tov, on a coutume d'allumer des bougies.
La lumière est un symbole de paix car elle éloigne l'obscurité et les peurs qu'elle entraîne.
C'est la mère de famille qui allume d'habitude.

Qu'est-ce que le « Kidouch » ? קִדּוּשׁ

La Torah demande de se rappeler du Jour du Chabbat et des Yamim Tovim pour les sanctifier (montrer que ces jours sont importants). Le Kidouch, c'est donc la sanctification de ces jours. On fait Le Kidouch sur une belle coupe de vin ou de jus de raisin. C'est le père de famille qui le prononce d'habitude.

שַׁבָּת Chabbat et Yom Tov יוֹם טוֹב

Le « Motsi » מוֹצִיא

Il s'agit de la prière sur le pain.
Celle-ci suit le Kidouch.
On a l'habitude de prendre deux 'Halotes (pains tressés), sur lesquelles, le père de famille prononce la bénédiction du pain.

La « Havdala » הַבְדָּלָה

C'est le Kidouch que nous faisons pour marquer la sortie du Chabbat ou du Yom Tov.

Les « Bessamim » בְּשָׂמִים

Ce sont des plantes ou des bois odorants.
Le samedi soir nous avons l'habitude de les prendre et de les sentir.
Nous agissons ainsi pour nous réconforter de la peine que nous avons à sortir du Chabbat.

Le « Ner Havdala » נֵר הַבְדָּלָה

La bougie de la Havdala.
On a pris l'habitude de l'allumer le samedi soir car d'après la tradition juive, c'est à ce moment là que l'homme pris connaissance du feu.

Le mois et l'année

Qu'est-ce que le calendrier ? לוּחַ

Le calendrier est un tableau ou un ensemble de pages où sont inscrits les mois et les jours d'une année.
En hébreu, une année se dit Chana et un mois se nomme 'Hodech.

A quoi sert le calendrier ?

Le calendrier sert de repères. Ainsi, on se sert du calendrier pour savoir quand sera notre anniversaire ou la date de nos vacances. Le calendrier est très important pour se préparer aux fêtes de la tradition d'Israël.

Qu'est-ce que le « Roch 'Hodech » ? רֹאשׁ חוֹדֶשׁ

Le nouveau mois, on le nomme en hébreu Roch 'Hodech.
Le mot 'Hodech est proche du mot hébreu 'Hadach qui veut dire nouveau.
Le jour de Roch 'Hodech, une nouvelle lune apparaît et un nouveau mois commence.

Calendrier civil

Septembre, 2006

	D	L	M	M	J	V	S
Semaine 3						1	2
Semaine 4	3	4	5	6	7	8	9
Semaine 5	10	11	12	13	14	15	16
Semaine 6	17	18	19	20	21	22	23
Semaine 7	24	25	26	27	28	29	30
	31						

Jour de la rentrée scolaire → 4
Semaine → Semaine 6
Anniversaire → 18
Jours → D L M M J V S
Dates → 23, 30

Le mois et l'année

Calendrier hébraïque Joseph Bloch

édité par l'Alliance Israélite Universelle

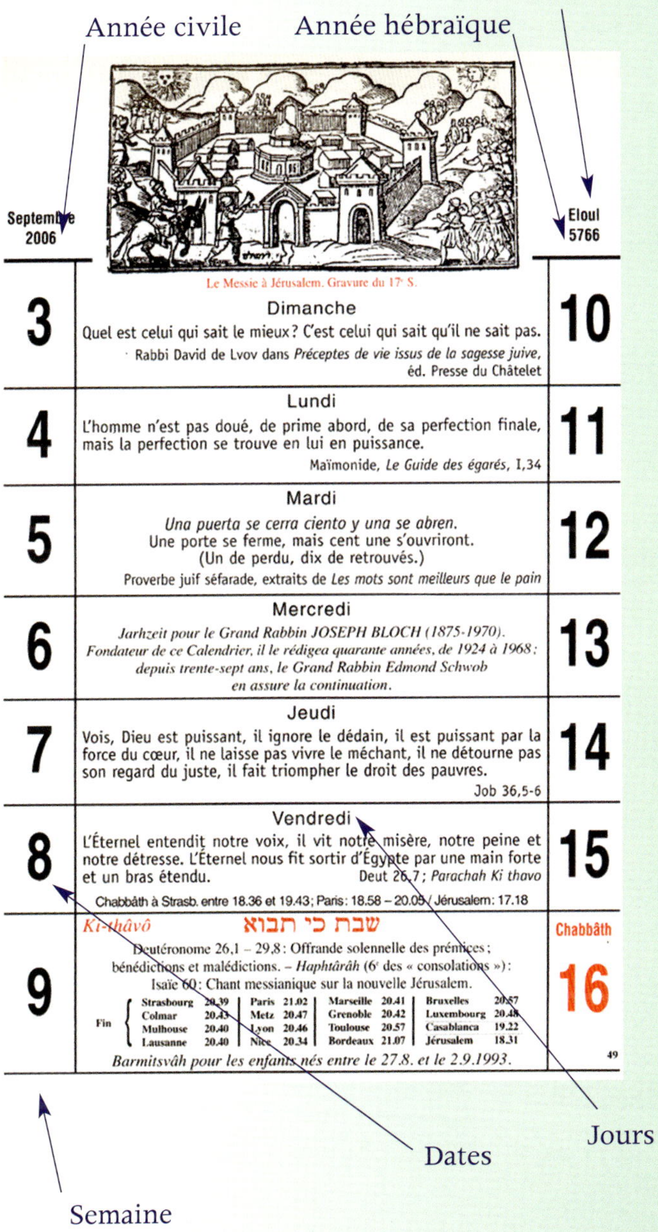

Septembre 2006

Eloul 5766

Le Messie à Jérusalem. Gravure du 17e S.

3 Dimanche **10**

Quel est celui qui sait le mieux ? C'est celui qui sait qu'il ne sait pas.

Rabbi David de Lvov dans *Préceptes de vie issus de la sagesse juive*, éd. Presse du Châtelet

4 Lundi **11**

L'homme n'est pas doué, de prime abord, de sa perfection finale, mais la perfection se trouve en lui en puissance.

Maïmonide, *Le Guide des égarés*, I,34

5 Mardi **12**

Una puerta se cerra ciento y una se abren.

Une porte se ferme, mais cent une s'ouvriront.

(Un de perdu, dix de retrouvés.)

Proverbe juif séfarade, extraits de *Les mots sont meilleurs que le pain*

6 Mercredi **13**

Jarhzeit pour le Grand Rabbin JOSEPH BLOCH (1875-1970). Fondateur de ce Calendrier, il le rédigea quarante années, de 1924 à 1968 ; depuis trente-sept ans, le Grand Rabbin Edmond Schwob en assure la continuation.

7 Jeudi **14**

Vois, Dieu est puissant, il ignore le dédain, il est puissant par la force du cœur, il ne laisse pas vivre le méchant, il ne détourne pas son regard du juste, il fait triompher le droit des pauvres.

Job 36,5-6

8 Vendredi **15**

L'Éternel entendit notre voix, il vit notre misère, notre peine et notre détresse. L'Éternel nous fit sortir d'Égypte par une main forte et un bras étendu.

Deut 26,7 ; *Parachah Ki thavo*

Chabbâth à Strasb. entre 18.36 et 19.43; Paris: 18.58 – 20.05 / Jérusalem: 17.18

9 *Ki-thâvô* שבת כי תבוא Chabbâth **16**

Deutéronome 26,1 – 29,8 : Offrande solennelle des prémices ; bénédictions et malédictions. – *Haphtârâh* (6e des « consolations ») : Isaïe 60 : Chant messianique sur la nouvelle Jérusalem.

Fin

Strasbourg	20.39	Paris	21.02	Marseille	20.41	Bruxelles	20.57
Colmar	20.43	Metz	20.47	Grenoble	20.42	Luxembourg	20.48
Mulhouse	20.40	Lyon	20.46	Toulouse	20.57	Casablanca	19.22
Lausanne	20.40	Nice	20.34	Bordeaux	21.07	Jérusalem	18.31

Barmitsvâh pour les enfants nés entre le 27.8. et le 2.9.1993.

49

Combien de jours peut-on compter dans un mois ?

La durée d'un mois d'après la tradition juive est de 29 ou 30 jours.
Dans le calendrier civil (celui qui commence par le mois de Janvier), le mois est de 30 ou 31 jours, parfois même 28 jours (mois de février).

Combien de mois se trouvent dans une année ?

On compte 12 mois dans une année. Parfois 13 (le mois d' « Adar » est alors doublé).
Dans le calendrier d'Israël, le compte des mois commence au printemps par le mois de « Nissan » et se termine par le mois d' « Adar ».
Dans le calendrier civil, le compte des mois commence par le mois de « Janvier » et se termine par le mois de « Décembre ».

Combien de jours se trouvent dans une année ?

Dans le calendrier d'Israël, nous comptons 354 jours. Dans le calendrier civil, nous comptons 365 jours.

Roch-Hachana רֹאשׁ הַשָּׁנָה

Que veut dire "Roch Hachana" ?

Ce sont des mots en hébreu.
Roch se traduit en français par tête.
Chana, par année. Hachana, par l'année.
Roch Hachana se traduit donc par : la tête de l'année. C'est le nouvel an.

Qu'est-ce que Roch Hachana ?

C'est un anniversaire !
D'après la tradition juive, c'est en ce jour que l'homme a été créé.

C'est un jour de jugement « Yom Hadin » יוֹם הַדִּין
D'après la tradition juive, c'est en ce jour que Dieu juge le monde et chaque être humain suivant ses actes.

C'est un jour de sonnerie « Yom Téroua » יוֹם תְּרוּעָה
La Torah demande au peuple d'Israël d'écouter le son du Chofar.

Qu'est-ce que le Chofar ? שׁוֹפָר

C'est une corne de bélier.
On s'en sert pour émettre des sonneries.
Ces sonneries doivent nous faire réfléchir sur notre conduite.
En hébreu, le mot Chofar est proche de celui de Chapère qui veut dire améliorer.

Roch-Hachana רֹאשׁ הַשָּׁנָה

Que fait-on à Roch Hachana ?

Ce sont deux jours de fêtes, Yamim Tovim,
Où l'on ne travaille pas.
Le soir de Roch hachana, on fait le « Seder ».
Le premier jour, dans l'après-midi, on fait le Tachli'h.

Qu'est ce que le Tachli'h ? תַּשְׁלִיךְ

Tachli'kh est un mot en hébreu qui veut dire jeter.
Il s'agit de « jeter » nos fautes dans l'eau, de se débarrasser de ces bêtises qui tâchent notre âme (personnalité). L'eau nettoie, elle est source de vie.

Qu'est-ce que le Seder סֵדֶר *de Roch Hachana ?*

Ce sont des bénédictions et des souhaits que nous prononçons en mangeant des fruits et des légumes. Ainsi, en prenant de la pomme avec du miel, nous souhaitons que la nouvelle année soit aussi douce que la pomme trempée dans le miel.

Yom Hakipourim יוֹם הַכִּיפּוּרִים

Qu'est ce que Yom Hakipourim ?

Yom, nous connaissons ce mot.
C'est un mot hébreu qui veut dire Jour.
Kipour, veut dire pardon.
Hakipourim, se traduit par les pardons.
Yom Hakipourim est un jour où l'on doit se faire pardonner.

De quoi se faire pardonner ?

Des fautes que l'on a pu faire envers Dieu et du mal que l'on a pu faire aux autres.
Ainsi, ne pas avoir voulu donner aux pauvres, mentir, avoir fait souffrir une autre personne ou même un animal nécessite de demander Pardon :

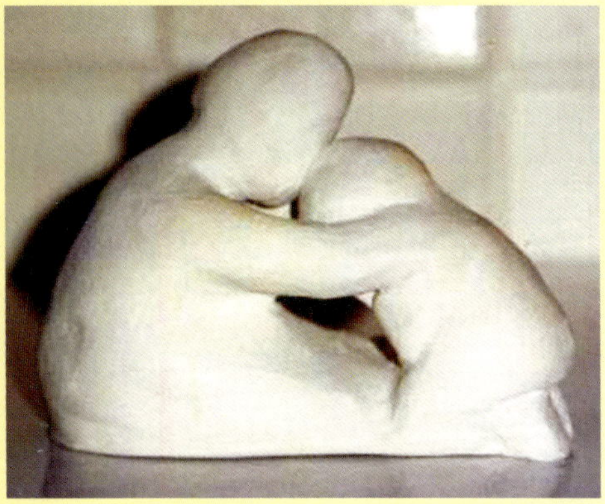

Pardon à Dieu de s'être mal conduit.
Pardon à celui à qui nous avons fait du mal.
Il ne faut pas oublier ses parents auprès desquels il faut demander pardon, même si par amour ceux-ci ont déjà pardonné.

Qu'est-ce que sont les Séli'hotes ? סְלִיחוֹת

Ce sont des prières pour demander à Dieu de pardonner les fautes et les erreurs que l'on a pu commetre (faire).

Ces prières sont récitées (dites) le Yom Hakipourim, mais aussi depuis le 1er Eloul (40 jours avant le Yom Hakipourim) dans certaines communautés.

Yom Hakipourim יוֹם הַכִּפּוּרִים

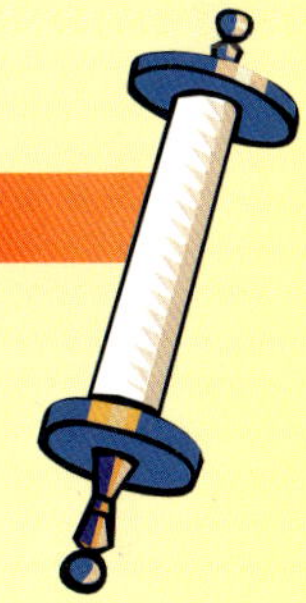

Que faire en ce jour ?

Ce jour est un jour de prières.
La tradition juive demande aux adultes de jeûner.
On ne mange pas, on ne boit pas, toute une journée.
C'est un jeûne qui est long. Il commence avec la tombée de la nuit et se termine le lendemain à la sortie des étoiles.

D'autres pratiques :

On ne prend pas de bain en ce jour,
On ne se chausse pas avec des chaussures en cuir. On ne se parfume pas.

Pourquoi ?

Ne pas manger, ne pas boire, ne pas prendre de bain, met mal à l'aise et force à la réflexion (à penser), à prendre de bonnes décisions pour améliorer sa conduite.

Qu'est-ce que sont les Yamim Norayim ?

יָמִים נוֹרָאִים

Yamim se traduit en français par Jours.
Norayim, proche du mot Yir-a veut dire la crainte, la peur. Les Yamim Norayim sont donc des jours qui inspirent une certaine peur.
Dans ces jours là, comme tous les enfants ayant fait des bêtises, nous avons un peu peur.
D'après la tradition juive, Dieu juge le monde et les hommes pendant cette période allant de Roch Hachana à Yom Hakipourim.

Soukot חַג הַסֻּכֹּת

Qu'est-ce que 'Hag HaSoukot ? חַג הַסֻּכֹּת

Le mot 'Hag veut dire fête.
Le mot Souka en hébreu désigne une cabanne.
Soukot, des cabannes, Hasoukot, les cabannes.

C'est une fête où l'on quitte sa maison principale pour aller vivre ou du moins manger ses repas dans une Souka.

Pourquoi ?

Parce que la Souka est fragile, son toit n'est pas solide, comme celui de l'appartement ou de la maison que l'on habite.
Vivre dans la Souka, c'est :
- se mettre sous la protection de Dieu comme le firent les enfants d'Israël en sortant d'Egypte. Ils ont vécu dans le désert pendant quarante ans et Dieu les protégea.
- se rappeler des plus pauvres, de ceux qui n'ont pas de toit. Ce rappel est d'autant plus important que nous allons rentrer dans l'Hiver.

Qu'est-ce que sont le Loulav לוּלָב *et les Arbaa Minim ?* אַרְבַּעָה מִינִים

Le Loulav est une branche de palmier.
En hébreu Arbaa est le chiffre 4 et Minim veut dire espèces.
Les Arbaa Minim sont quatre espèces végétales que la Torah demande de prendre le premier jour de la fête de Soukot.
Aujourd'hui, d'après la tradition d'Israël, nous les prenons en les secouant pendant toute la fête de Soukot.

Soukot חַג הַסֻּכֹּת

Qu'est-ce que « Zémane Sim'haténou » ?

זְמַן שִׂמְחָתֵנוּ

Zémane se traduit par le « temps de » et Sim'haténou, par notre joie. Zémane Sim'haténou, c'est le temps de notre joie.

Qu'est-ce que « Chémini 'Hag Atsérète » ?

שְׁמִינִי חַג עֲצֶרֶת

Le mot Chémini se traduit par Huitième, Hag par le mot fête et Atsérète par Arrêt. Le jour de Chémini Hag Atsérète est le jour où la fête s'arrête.

Qu'est-ce que Sim'hat Torah ? שִׂמְחַת תּוֹרָה

Sim'hat, se traduit par la fête de, Sim'hat torah, c'est la joie de la Torah.
Le dernier jour de la fête de Soukot, le jour de Chémini Hag Atsérète, on termine la lecture de la Torah. Nous sommes très joyeux à cette occasion.

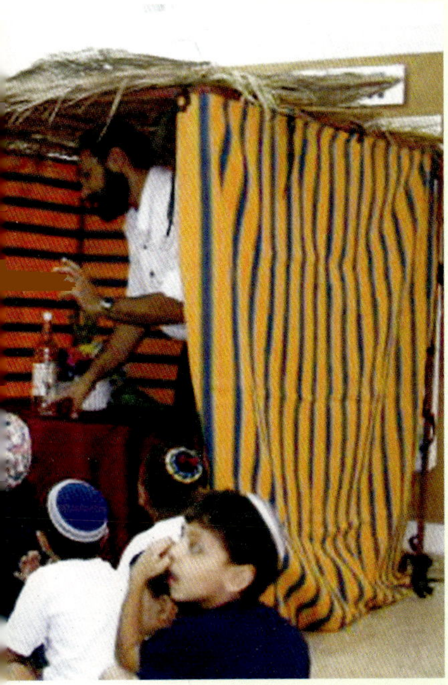

Qu'est-ce que sont les Chaloche Régalime ?

שָׁלוֹשׁ רְגָלִים

Chaloche, c'est le chiffre trois en hébreu. Régalim peut désigner les pieds. Les Chaloche Régalim désignent les trois fêtes de Pessa'h, Chavouoth et Soukoth où l'on se rendait même à pied au temple de Jérusalem.

‘Hanouka חֲנֻכָּה

Idoles : ce sont des objets que l'on considère comme des Dieux, par exemple : des statues.
La Torah interdit de faire une image ou une statue de Dieu.

Qu'est-ce que ‘Hanouka ?

Les Yévanim (Grecs) avaient, il y a très longtemps (plus de 2000 ans) empêché le peuple d'Israël de servir Dieu dans le Beit Hamikdach (Temple de Jérusalem, endroit de rencontre avec Dieu). Ils souhaitaient que le peuple d'Israël soit comme eux, adore des idoles et oublie la Torah. Une guerre éclata. C'est un Cohen (un prêtre), que l'on appelait Yéhouda Makabi qui réussit à délivrer le peuple d'Israël de l'occupation d'Anthiochus Epiphane, roi des Yévanim.
Lorsque Yéhouda Makabi entre dans le Beit Hamikdach.
Il veut allumer la Ménorah, comme le demande la Torah.

Après avoir cherché longuement, on trouva une petite fiole d'huile qui n'avait pas été rendue impure (salie) par les Yévanim. Cette petite fiole d'huile ne devait rester allumée que pour un jour. Un miracle (Ness, en hébreu) s'est produit. La petite fiole d'huile resta allumée pendant huit jours.

Pour se rappeler de ce miracle et de celui de la guerre où un petit nombre réussit à vaincre une grande armée, les sages d'Israël ont demandé d'allumer pendant huit jours une ‘Hanoukia.

מְנוֹרָה

La Ménorah est un chandelier à sept branches qui est allumée avec de l'huile d'olives.
Elle montre la présence de Dieu dans le Beit Hamikdach.

Qu'est-ce qu'une ‘Hanoukia ? חֲנֻכִּיָּה

Une ‘Hanoukia est un chandelier à 9 branches que l'on allume avec des bougies ou des fioles d'huile. Ce n'est pas une Ménorah !

‘Hanouka חֲנֻכָּה

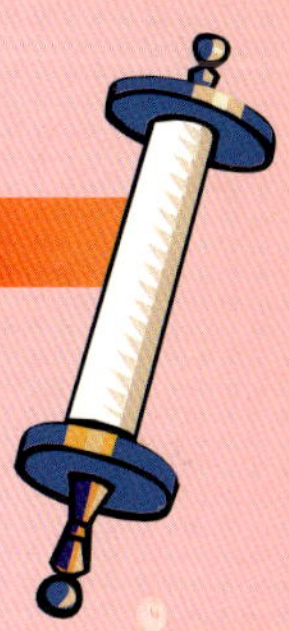

La Ménora a 7 branches. Une des 9 branches de la ‘Hanoukia est différentes des autres. Elle est plus grande et on la trouve en général (le plus souvent), soit au milieu, soit au bout de la ‘Hanoukia. Elle remplace le Chamache.

Le Chamache est une bougie ou une fiole d’huile particulière. Cette bougie n’est pas là pour rappeler le miracle de la fiole d’huile de ‘Hanouka, mais pour donner de la lumière. Par contre, les autres bougies ou fioles d’huiles ne doivent servir qu’à rappeler le miracle, il est interdit de les utiliser autrement.

Combien de bougies allume-t-on à ’ Hanouka ?

Chaque jour nous allumons une bougie ou une fiole d’huile en plus de celle que l’on avait allumé la veille. Ainsi, le premier jour, on en allume, une, le deuxième, deux, etc...

Dans quel sens place-t-on les bougies ou les fioles d’huile de la ‘Hanoukia ?

De droite à gauche.

Dans quel sens allume-t-on les bougies ou les fioles d’huile de la ‘Hanoukia ?

De gauche à droite.

Qu’est-ce qu’une Sévivone ? סְבִיבוֹן

Sévivone, c’est la toupie en hébreu.
A l’époque de ‘Hanouka, Anthiochus Epiphane avait interdit l’étude la Torah. Les jeunes enfants juifs devaient se cacher pour apprendre la Torah. Si des soldats grecs, des Yévanim se présentaient, ils stoppaient et faisaient semblant de jouer à la toupie. En souvenir du courage de ces jeunes enfants, on a encore l’habitude de jouer aujourd’hui à la toupie, pour les fêtes de ‘Hanouka.

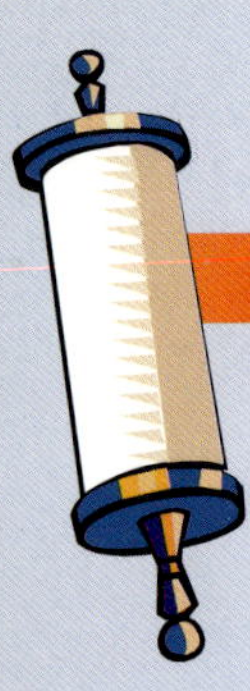

Taaniot תַּעֲנִיּוֹת

Qu'est ce qu'un Taanit ? תַּעֲנִית

Le mot hébreu Taanit veut dire être dans le tourment.Le Taanit, c'est un Jeûne, un jour où l'on ne mange pas, où l'on ne boit pas. On est alors tourmenté et mal à l'aise. Le mot Taaniot désigne des jeûnes, au pluriel.

Pourquoi jeûne-t-on ?

Pour prendre de bonnes décisions
Pour améliorer notre conduite et devenir meilleur.
C'est lorsque l'homme n'est pas à son aise qu'il réfléchit à améliorer sa situation et à se rapprocher de Dieu.

Combien de Jeûne doit-on respecter dans la tradition juive ?

D'après la tradition juive, 6 Taaniot (jeûnes) doivent être respectés.
La Torah ne parle que d'un seul Jeûne, celui de Yom Hakipourim. Les règles de ce jeûne sont différentes des autres jeûnes.

Le Prophète (homme qui a reçu la parole de Dieu) Zacharie, Zé'kharia en hébreu, parle de quatre jeûnes de plus :

Tsom Guédalia : צוֹם גְּדַלְיָה

Jeûne de Guédalia. Le mot Tsom en hébreu désigne le jeûne.
Il est proche du mot Tsamé qui veut dire avoir soif.
Guédalia était le dernier gouverneur (chef) juif en Eretz Israël (terre d'Israël), après la conquête perse par Nabuchodonosore.
Après son assassinat, la peuple juif restant en Eretz d'Israël sera exilé (éloigné du pays d'Israël).

Assara Bétévète : עֲשָׂרָה בְּטֵבֵת

(10 du mois de Tévète)
La ville de Jérusalem a été assiégée (faîte prisonnière) par Nabuchodonosore, roi de Perse.

Taaniot תַּעֲנִיּוֹת

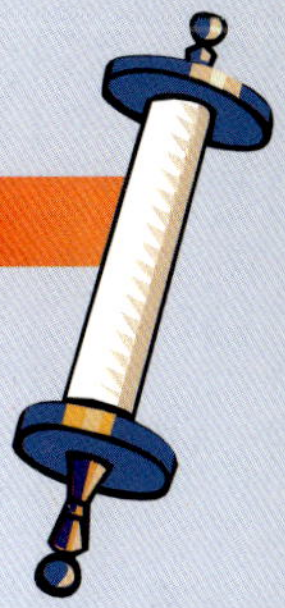

Chive-a assar BéTamouz : שִׁבְעָה עָשָׂר בְּתַמּוּז
(17 du mois de Tamouz)
Le 17 Tamouz la muraille protégeant Jérusalem a été ébréchée (brisée). La Torah aussi a été brûlée en ce jour.

Tiche-a Béav : תִּשְׁעָה בְּאָב
(9 du mois d'Av)
Le 9 Av, le Beit Hamikdach (Temple de Jérusalem, endroit de rencontre avec Dieu) a été détruit. Il a été détruit deux fois en ce jour. La première fois par les perses, la seconde par les romains.
Le 9 Av, la ville de Jérusalem a été entièrement détruite par les romains.
Les règles de ce jeûne sont différentes des autres jeûnes.

Qu'est ce que « Bein Hamétsarim » ? בֵּין הַמְּצָרִים

Le mot Bein se traduit par le mot « entre ». Hamétsarim, par des moments de détresse. Bein Hamétsarim, c'est la période de tristesse qui dure trois semaines entre le jeûne du 17 Tamouz et celui du 9 Av.

Le Taanit Esther : תַּעֲנִית אֶסְתֵּר
(Jeûne d'Esther) n'est pas rappelé par le prophète Zé'kharia, mais a été recommandé plus tard par les sages d'Israël de la période des Guéonimes (il y a plus de 1000 ans !).
Ce Taanit doit rappeler le jeûne que la Reine Esther avait demandé de respecter face à la menace de la destruction du peuple d'Israël, par Haman (ennemi des juifs), fils du peuple d'Amalek.

Ces Taaniot (jeûnes) doivent nous amener :
- à aimer le peuple d'Israël , à avoir de la peine pour ses malheurs et à agir pour son bonheur.
- à penser à Jérusalem et à la reconstruction du Beit Hamikdach et du pays d'Israël.

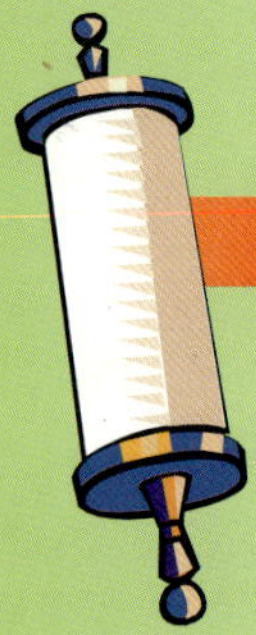

Tou Bichevate ט"ו בִּשְׁבָט

Que veut dire « Tou Bichevate » ?

Tou désigne en hébreu le chiffre 15.
Ce mot est composé de la lettre Tête ט qui a pour valeur le chiffre 9 et de la lettre Vav ו qui a pour valeur le chiffre 6.
Chevat c'est le nom du mois de Chevate.
Tou Bichevate désigne une date, le 15 du mois de Chevate.

Qu'est-ce que Tou Bichevate ?

D'après la tradition juive, c'est le moment où la sève remonte dans les arbres,
ce qui permet aux arbres de fleurir.
Tou Bichevate, c'est le nouvel an des arbres.
C'est donc la fête des arbres.

Que fait-on le jour de Tou Bichevate ?

On plante des arbres.
C'est une des premières actions que la Torah demande au peuple juif de faire en Eretz Israël (Terre d'Israël).

Tou Bichevate ט"ו בִּשְׁבָט

אֶרֶץ חִטָּה וּשְׂעֹרָה וְגֶפֶן וּתְאֵנָה וְרִמּוֹן
אֶרֶץ-זֵית שֶׁמֶן וּדְבָשׁ: (דברים ח,ח)

Le blé חִטָּה

L'orge שְׂעֹרָה

La vigne גֶּפֶן

La figue תְּאֵנָה

Le Séder de Tou Bichevate

Le mot Séder est un mot que l'on a déjà vu pour Roch hachana et que nous reverrons pour Pessa'h.

En français, il se traduit par le mot Ordre, dans le sens de mettre en ordre des prières et des actions que l'on fait autour de la table, le soir de la fête.

A Tou Bichevate, on mange des fruits.
Plus particulièrement :
Des fruits nouveaux, auxquels on n'a pas encore goûtés depuis un an.
Des fruits de la terre d'Israël, des fruits auxquels est rattaché le nom de la Terre d'Israël dans la Torah.

Ces fruits ou ces produits sont au nombre de sept.

La grenade רִמּוֹן

L'olive זַיִת

La datte תָּמָר (דְּבַשׁ)

Pourim פּוּרִים

Qu'est ce que la Méguilat Esther ? מְגִלַּת אֶסְתֵּר

Méguilat, c'est un hébreu le rouleau de. Méguilat Esther, c'est un rouleau de parchemin sur lequel on a écrit à la main l'histoire de la reine Esther, l'histoire de Pourim.

Un homme méchant, Haman, veut détruire le peuple d'Israël.
Il réussit pour cela à obtenir l'accord du Roi A'hachvéroche (Assuérus). Haman va tirer au sort une date à laquelle tout le peuple juif devait être détruit.
La Reine Esther et Mordé'khaye vont l'en empêcher. Avec l'aide de Dieu, le peuple d'Israël va être sauvé. C'est le miracle de Pourim ! La Méguila est un livre de la Bible.

Qu'est-ce que le Mikra Méguila ? מִקְרָא מְגִלָּה

Le mot Méguila se traduit en français par lecture.
Le Mikra Méguila, c'est la lecture de la Méguila.
D'après la tradition juive, on fait deux fois la lecture de la Méguila à Pourim, le soir et le matin.

Que veut dire « Pourim » ?

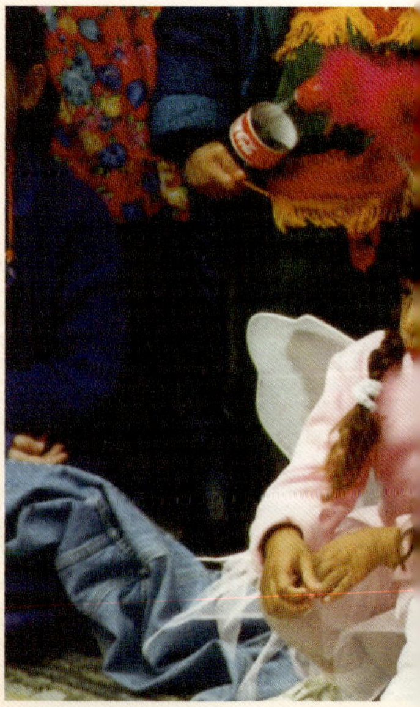

Le mot « Pour » désigne un tirage au sort.
Pourim, c'est le pluriel de « Pour ».
Pourim, ce sont donc des « Tirages au sort », ceux qu'Haman avaient fait pour trouver une date à laquelle il devait détruire le peuple juif.

Pourquoi se déguise-t-on à Pourim ?

Parce que curieusement tout semble secret et caché dans l'histoire de Pourim.Dieu lui-même se cache dans cette histoire, il faut le rechercher.

Pourim פּוּרִים

Qu'est-ce que le Michté ? מִשְׁתֶּה

C'est le festin de Pourim.
Pourim est un jour très joyeux parce que le peuple juif a été sauvé de la destruction. Le festin doit se faire le jour même de Pourim.

Qu'est-ce que le Michloa'ah Manote ? מִשְׁלוֹחַ מָנוֹת

Michlo'ah, en hébreu c'est envoyer.
Manote, des choses à manger ou à boire.
Michloa'h Manote, c'est l'obligation d'envoyer au moins deux choses à manger ou à boire à un membre du peuple juif. Le peuple d'Israël doit renforcer en ce jour son unité.

Qu'est-ce que sont les Matanote Laévyonime ? מַתָּנוֹת לָאֶבְיוֹנִים

Le mot Matana se traduit par un cadeau.
Matanot, ce sont des cadeaux.
Evyonim, ce sont les pauvres.
Matanotes Laévyonim, ce sont des cadeaux que l'on fait aux pauvres. Le jour de Pourim, il ne faut pas oublier les pauvres !

On doit donner de l'argent, la valeur d'un repas à deux pauvres au moins.

Qu'est-ce qu'un Raachane ? רַעֲשָׁן

C'est une crécelle. Lorsque le nom du méchant Haman est prononcé, certains font beaucoup de bruit avec la crécelle, comme pour dire que l'on ne veut plus jamais entendre parler d'un homme aussi mauvais que lui.

Pessah פֶּסַח

Qu'est-ce que La Hagadah ? הַגָּדָה

La Hagadah, c'est une histoire. C'est le récit de la sortie d'Egypte.
Dieu sauva son peuple de la main des Egyptiens grâce à de grands miracles.
dont les dix plaies et la traversée de la mer rouge.
Cette histoire et le Séder de la fête de Pessa'h sont écrits dans un livre que l'on appelle aussi Hagadah.

Que veut dire Pessa'h ? פֶּסַח

Lorsque Dieu délivra le peuple d'Israël en Egypte.
Dieu passa au dessus des maisons d'Israël et personne ne fut frappé par la plaie des premiers nés.

Pessa'h, veut dire passer au dessus.

Sur chaque maison se trouvait un signe, le sang du mouton, idole de l'Egypte.
Dieu avait demandé aux hébreux d'abattre le mouton et de mettre de son sang sur les côtés de la porte de leur maison en signe de foi.

Qu'est-ce que le Zémane 'Hérouténou ?
זְמַן חֵרוּתֵנוּ

Zémane c'est le temps en hébreu.
'Hérouténou, veut dire en hébreu, notre liberté.
Zémane 'Hérouténou, c'est le temps de notre liberté. Un des noms de Pessa'h que nous rappelons dans la prière de la fête.

Pourquoi mange-t-on du Maror מָרוֹר à Pessa'h ?

Pour se rappeler de la vie dure et amère des enfants d'Israël en Egypte.

Pessah פֶּסַח

Qu'est-ce que le Séder ? סֵדֶר

Le Seder se traduit en français par le mot Ordre, dans le sens de mettre en ordre des prières et des actions que l'on fait autour de la table, le soir de la fête. A Pessa'h le Séder passe par 15 étapes, il suit le récit de la Hagadah.

Qu'est-ce que le 'Hametz ? חָמֵץ

Le 'Hametz c'est toute sorte de nourritures qui contient des graines comme le blé et l'orge qui a fermenté au contacte de l'eau, comme le pain. La Torah nous demande de faire disparaître le Hametz à Pessa'h et nous interdit d'en manger, ni même d'en profiter. C'est pourquoi la veille de Pessa'h nous faisons la Bédika.

Qu'est-ce que la Bédika ? בְּדִיקָה

C'est la recherche du 'Hametz.
On a l'habitude de la faire à la lumière d'un bougie. Aujourd'hui, on peut la faire aussi à la lumière d'une lampe de poche. Le 'Hametz, est comparé à l'orgueil, un vilain défaut qu'il faut faire disparaître.

Qu'es-ce que la Matsa ? מַצָּה

Ce pain, c'est le pain de la délivrance. Lorsque Dieu délivra les enfants d'Israël, le pain n'eut pas le temps de lever. C'est aussi le pain de la pauvreté. Il nous rappelle ce que mangeaient les enfants d'Israël en Egypte. Il faut en manger le soir de Pessa'h.

Période du Omer עֹמֶר

Qu'est ce que le « Omer » ?

Le « Omer » était une mesure d'orge que l'on coupait le lendemain de Pessa'h et que l'on amenait au Beit-Hamikdach. Avant d'avoir fait cela, on ne pouvait mangeait de la nouvelle récolte. Comme beaucoup d'actes dans la tradition juive (Min'ha Hadacha, Bikourim (Pages 30 et 31), ce devoir doit nous faire comprendre que l'homme n'est pas le propriétaire de ce monde, c'est à Dieu qu'il appartient. Le « Omer », c'est aussi une période de 50 jours, allant du 16 Nissan, le lendemain du premier jour de Pessa'h au 5 Sivan, veille de la fête de Chavouot.

Pourquoi le Omer est-il une période triste ?

Pendant le Omer, on ne se marie pas et on évite d'être trop joyeux. Depuis les fêtes de Pessa'h et jusqu'à Lag Baomer, pour certains jusqu'à Chavouot, on a l'habitude de ne pas se couper les cheveux, ni même de se raser. On se rappelle de moments difficiles que notre peuple a connus en cette période :

- d'une épidémie (maladie qui se transmet à de nombreuses personnes). Celle-ci avait fait mourir les nombreux élèves de Rabbi Akiva (au nombre de 24 000). On raconte que les élèves de Rabbi Akiva ne se respectaient pas et ne visitaient pas les malades, c'est pourquoi, ils ont été punis .

- de la guerre de la contre l'empire romain.

Lag BaOmer לַ״ג בָּעֹמֶר

Qu'est-ce que « Lag Baomer » ?

C'est le chiffre 33, composé en hébreu de deux lettres :
Le Lamed ל qui a pour valeur, le chiffre 30 et le Guimel ג qui a pour valeur le chiffre 3.

Que se passe-t- il le jour de « Lag Baomer » ?

C'est la fin de l'épidémie qui a fait mourir les élèves de Rabbi Akiva.

Pourquoi allume-t-on des feux à « Lag Baomer » ?

C'est le jour, d'après la tradition juive où l'enseignement de Rabbi Chimeon Bar Yo'hai, un des grands maîtres du peuple juif, est dévoilé.
Un enseignement, c'est comme une lumière car il éclaire notre vie. C'est pourquoi, il est de coutume d'allumer de grands feux en ce jour.

Pourquoi va-t-on dans les bois et joue-t-on à l'arc à flèche ?

On se rappelle ainsi de la résistance du peuple juif contre l'armée romaine en Eretz Israël.

Yom Haatsmaout יוֹם הָעַצְמָאוּת

Qu'est-ce que le « Yom Haatsmaout » ?

C'est le jour de l'indépendance de l'Etat d'Israël.
Etre indépendant, c'est être libre.

Tout au long de l'Histoire, le peuple juif a été soumis à la volonté des nations. Souvent, il a été retenu prisonnier et persécuté. On lui interdisait parfois même de respecter la Torah. Ainsi, Le peuple juif a beaucoup souffert de la Shoah, il y a un peu plus de 60 ans.

On se rappelle d'ailleurs de cette souffrance le jour de « Yom Hashoah véHaguévoura ».

Le jour de Yom Haatsmaout, on remercie Dieu d'avoir permis au peuple d'Israël de retrouver son indépendance et de lui avoir permis de voir le commencement de la réalisation des promesses faîtes à ses pères :

- la terre d'Israël n'est plus un désert et son agriculture et aujourd'hui une des meilleures au monde.
- le peuple d'Israël revient des quatre coins du monde en Terre d'Israël, et cela après plus de 2000 ans d'exil !

Nous nous rappelons de tous les efforts et de toutes les peines qui nous ont amenés à ce jour. Le jour précédent Yom Haatsmaout, c'est le « Yom Hazikarone », jour du Souvenir.

Qu'est ce que la terre promise ?

C'est la terre que Dieu a promis de donner aux Avot (Avraham, Its'hak et Yaakov, pères du peuple d'Israël) et à leur descendance (enfants). Jamais le peuple d'Israël n'a oublié sa terre.
Trois fois par jour, il continue à prier pour que les tous les exilés (juifs n'habitant pas en Eretz Israël) puissent revenir au plus vite.

Que veut dire Eretz Israël ? אֶרֶץ יִשְׂרָאֵל

Eretz se traduit par « terre de ». Eretz Israël, c'est la terre d'Israël. Le pays se dit Médina. Médinat Israël, c'est le pays d'Israël.

Yom Yérouchalayim יוֹם יְרוּשָׁלַיִם

Qu'est-ce que Yérouchalayim ? יְרוּשָׁלַיִם

C'est le nom de la ville de Jérusalem en hébreu.

Qu'est-ce que le Kotel ? כּוֹתֶל

C'est le Mur ! L'endroit le plus proche du Beit Hamikdache.
Après la destruction du Temple, il ne restait plus que ce mur où pouvait se rendre les juifs pour prier et demander à Dieu de les délivrer.

Pourquoi le Kotel est-il appelé Mur des lamentations ?

Pendant longtemps, il a été interdit aux juifs d'aller prier au Kotel. On ne leur permettait de visiter cet endroit que le jour de la destruction du temple, le 9 av, jour où l'on récite les lamentations du prophète Jérémie sur les malheurs de Jérusalem.
C'est pourquoi le Kotel est aussi appelé Mur des lamentations.

Qu'est-ce que Yom Yérouchalayim ?

Pendant 2000 ans d'exil, il n'a pas été toujours facile de se rendre à Jérusalem. Il n'y a pas si longtemps, la ville était séparée et le Kotel n'était plus accessible, on ne pouvait même plus y aller et prier. Yom Yérouchalayim, c'est le jour où Dieu a permis au peuple d'Israël, de réunir les deux parties séparées de Jérusalem et de retrouver le Kotel.

Chavouot שָׁבוּעוֹת

Qu'est-ce que la Séfirate Haomer ? סְפִירַת הָעֹמֶר

Séfirate en hébreu, c'est le « compte de ». Haomer désigne le Omer. Séfirate Haomer, c'est le compte de 7 semaines, donc de 49 jours que la Torah nous demande de faire depuis le lendemain du premier jour de Pessa'h.
Ce compte on le fait pour ce préparer à la fête de Chavouot.

Qu'est-ce que Chavouot ?

Chavoua en hébreu, c'est une semaine.
Chavouot, ce sont des semaines.
Cette fête, c'est la conclusion (la fin) des semaines précédentes. C'est un moment très particulier que l'on attend avec beaucoup d'impatience, comme pour une rencontre. C'est le moment qu'attendait tout le peuple aux pieds du Mont Sinaï pour recevoir la Torah.

Qu'est-ce que le 'Hag Hakatsir ? חַג הַקָּצִיר

'Hag se traduit par fête.
Hakatsir, c'est la moisson (couper le blé pour en faire la récolte).
'Hag Hakatsir, c'est la fête de la moisson ! Lorsque le Beit Hamikdach était construit, pendant toute la période de la Séfirate Haomer, on terminait la moisson du blé. Avec le blé de la nouvelle récolte on amenait une « Min'ha 'Hadacha » au Beit Hamikdach (Temple de Jérusalem, endroit de rencontre avec Dieu).

Qu'est ce que la Min'ha 'Hadacha ? מִנְחָה חֲדָשָׁה

Min'ha, c'est une offrande (un cadeau).
Hadacha, veut dire nouveau.
La Min'ha 'Hadacha, c'est la nouvelle offrande qu'on amenait au Beit Hamikdach pour le Dieu d'Israël. Deux pains levés (qui ont gonflé) pétris avec le blé de la nouvelle récolte.

Chavouot שָׁבוּעוֹת

Qu'est-ce que les Bikourim ? בִּיכּוּרִים

Le mot Be'khor désigne ce qui est premier.
Bikourim, ce sont les premiers fruits.
La tradition nous rapporte que de tout le pays d'Israël, on venait apporter des fruits de la nouvelle récolte au Beit Hamikdach à Jérusalem.
Riches et pauvres dans des paniers d'osier ou dans des vases d'argent, chacun amenait ses Bikourim, en offrande à Dieu.

Qu'est-ce que le Zémane Matan Toraténou ?

זְמַן מַתַּן תּוֹרָתֵנוּ

st ce que la Méguilat Rout ?
: le rouleau de parchemin où
ɔuve écrit l'histoire de Ruth,
re grand-mère du roi David.
vre fait partie de la Bible.

Zémane, c'est le Temps en hébreu. Matan, a le sens de cadeau et Toraténou veut dire notre Torah. A Chavouot, on a entendu la parole de Dieu et reçu la Torah. Cette parole, Moïse (Moché) est redescendu avec, elle était inscrite sur deux Tables de pierre, et contenait les Asséret Hadibérot.

Qu'est-ce que sont les Asséret Hadibérot ? עֲשֶׂרֶת הַדִּבְּרוֹת

Asséret se traduit par le chiffre 10. Hadibérot, ce sont en hébreu, les paroles. Ce sont les dix paroles de Dieu inscrites dans les tables de pierre que Moïse (Moché) a transmis aux enfants d'Israël.
Certaines sont très connues : « Souviens toi du jour du Chabbat pour le sanctifier, ...Honore ton père et ta mère, etc ... »
Les mots Assérètes Hadibérotes sont souvent traduits par les 10 commandements.

Editions Lichma

Tél : 01 76 00 87 34
Fax : 01 43 79 10 17

E-mail : info@lichma.com

Site internet : **www.lichma.com**

Dépôt légal : Troisième trimestre 2006